和解は可能か

日本政府の歴史認識を問う

内田 雅敏

波ブックレット No. 930

まえがき

日本を取り戻す。

この道しかない。

明治の日本人にできて、今の日本人にできないわけはない。昭和の日本人にできて、今の日本人にできないわけはない――。


これは、二〇一五年二月一二日、安倍晋三首相が施政方針演説で語った言葉だ。

安倍首相はこういうフレーズが本当に好きだ。同年三月二〇日には、参議院予算委員会で、「わが軍」と、これまで政府が「軍隊ではない」と言い続けてきた自衛隊について、時代がかった言葉を無造作に使ってみせた。戦後の日本は憲法第九条で戦争放棄を定め、軍隊を持たず、交戦権も持たないことも定めた。専守防衛の任にある自衛隊は、これまでの政府の説明によれば、あくまで自衛のための必要最低限の「実力」であって、軍隊ではないはずだ。

二〇一四年七月一日、安倍首相は、閣議決定で憲法解釈を変更し、これまで憲法のもとで認められないとしてきた集団的自衛権の行使を容認した。主権者である国民の多数が反対していたにもかかわらず、である。憲法とは、国民が為政者に課した制約である。この憲法にしたがって政治を行なうよう、主権者である国民が政治家や公務員たちに義務づけているのだ。それが立憲主義ということである。それを、政権が勝手に解釈を変えて、「憲法九条のもとでは集団的自衛権の行使は認められない」としてきたものを、「認められる」と変えてしまった。これが許されるなら、立憲主義も「法の支配」も成り立たない。だが、安倍政権は民主主義における禁じ手を、禁じ手として認識できない。

いま、その安倍政権のもとで、自衛隊は名実ともに軍隊へと変貌させられつつある。

二〇一四年五月、シンガポールで開催されたアジア安全保障会議（シャングリラ・ダイアローグ）での基調講演（五月三〇日）で、安倍首相は次のようにスピーチした。

> 新しい日本人は、どんな日本人か。昔ながらの良さを、ひとつとして失わない、日本人です。貧困を憎み、勤労の喜びに普遍的価値があると信じる日本人は、アジアがまだ貧しさの代名詞であるかのように言われていたころから、自分たちにできたことが、アジアの、ほかの国々で、同じようにできないはずはないと信じ、経済の建設に、孜々《しし》として協力を続けました。新しい日本人は、こうした、無私・無欲の貢献をおのがじし、喜びとする点で、父、祖父たちと、なんら変わるところはないのです。

（外務省ウェブサイトより。改行を省略した）

日本人にできたことが、お前たちにできないはずがない、という上から目線の言葉を、列席していたアジア各国の人たちはどのように感じたであろうか。ここには、戦後の日本の経済進出が「経済という形をとった第二の侵略」とまで批判され、一九七四年の田中角栄首相の東南アジア歴訪の際にはバンコクやジャカルタなど各地で激しい抗議デモが行なわれたことや、それに対して日本政府の側も一九七七年の福田ドクトリンなどでそうした感情に配慮してきた経過がまったく反映されていない。福田ドクトリンは、日本は軍事大国にはならず世界の平和と繁栄に貢献すること、東南アジア諸国と心と心の触れあう信頼関係を構築すること、そして、対等な立場で東南アジア諸国の平和と繁栄に寄与することを謳っている。安倍首相のスピーチにはそのような姿勢の片鱗も感じられない。

そして、この、やや自己陶酔ぎみのスピーチの中には、次のような言葉もあった。

国際社会の平和、安定に、多くを負う国ならばこそ、日本は、もっと積極的に世界の平和に力を尽くしたい、〝積極的平和主義〟のバナーを掲げたい。自由と人権を愛し、法と秩序を重んじて、戦争を憎み、ひたぶるに、ただひたぶるに平和を追求する一本の道を日本は一度としてぶれることなく、何世代にもわたって歩んできました。これからの幾世代、変わらず歩んでいきます。この点、本日はお集まりのすべての皆さまに一点、曇りもなくご理解願いたい。

これは、本当だろうか。もし、ドイツの首相が、第二次世界大戦中に侵略した国々の関係者を前にして、「ひたぶるに、ただひたぶるに平和を追求する一本の道をドイツは一度としてぶれることなく、何世代にもわたって歩んできました」とスピーチしたら、あまり歴史を知らない人でも、誰だって、何か変だと思うのではないだろうか。

そう、安倍首相の頭の中では、日本が起こした日清戦争も、日露戦争も、アジア・太平洋戦争も無かったことになってしまっている、かもしれないのだ。そして、ずっと日本人は、「何世代にもわたって」、アジアに対して、「無私・無欲」の貢献を、「父、祖父たち」は行なってきた、そう信じているのかもしれない。もしそうだとすれば、歴史認識をウンヌンする以前の、基礎的な知識の問題である。

しかし、歴代の日本政府の歴史認識は、決してこのような無知と無反省に基づくものばかりではなかった。紆余曲折は経ながら、さまざまな批判を受けて、アジア諸国との関係改善と和解に向け、その認識を前進させてきたのである。

このブックレットでは、これまでの政府の歴史認識にかかわる公的な見解を紹介し、その中身をあらためて確認しながら、アジア諸国との和解はどうすれば可能になるのかを、戦後補償裁判にながくかかわってきた私自身の経験を踏まえて、考えてみたい。

第1章　日本政府の歴史認識の推移

再び国際社会の一員に

かつて大日本帝国は、一九四五年八月一五日に終戦を迎えることとなった戦争で、アジアでおよそ二〇〇〇万人、国内でも三一〇万人の死者をもたらした。

台湾と朝鮮半島を植民地として支配し、中国東北部（「満州」）に傀儡《かいらい》国家を建設し、次いで中国全土を侵略、アメリカとも戦端を開き、ほとんどアジア全域を武力で侵略した。日本の敗戦後、講和条約にもとづく賠償や、賠償的な意味を持つ無償援助などを行なった国だけでも、ミャンマー（ビルマ）、フィリピン、インドネシア、ベトナム、カンボジア、ラオス、タイ、マレーシア、シンガポール、ミクロネシア、モンゴルなど、多くの国々の名前が挙がる。

日本を占領した連合国は、当初、日本を徹底的に非軍事化することをめざしたが、朝鮮戦争など東西冷戦の深まりとともに、アメリカは日本を西側陣営のもとに置くことを優先するようになる。一九五〇年八月には警察予備隊令が出され、一九五一年九月にはサンフランシスコ講和条約が結ばれるとともに日米安保条約が調印されている。一九五二年八月には警察予備隊が保安隊に改組され、さらにそれから二年後の一九五四年六月に現在の自衛隊が発足している。その間、一九五〇年一一月に旧軍人三二五〇人の追放が解除されるなど、「非軍事化」の路線は後退しつづけた。再軍備に危機感を覚えた日本教職員組合が、「教え子を再び戦場に送るな」というスローガンのもとで再軍備反対の運動を始めたのが一九五一年一月のことだった。

占領軍の思惑がどうであろうと、日本の民衆は再び戦争はしたくないと〝敗北を抱きしめて〟、「政府の行為によつて再び戦争の惨禍が起ることのないやうにすることを決意し、ここに主権が国民に存することを宣言し、この憲法を確定」(憲法前文)して、戦後の再出発をなした。

これ以降の日本の政治やアジアとの外交関係は、日本国憲法のもとの非軍事路線と平和主義・国際協調の立場と、日米安保条約のもとの「西側」の一員としての立場との間で揺れつづけて、現在にまで至ることとなる。歴代政府によって歴史認識がつくられていく過程でも、こうしたバランスが色濃く反映している。

歴代日本政府の公式見解を、以下、便宜的に三期に分けて見ていくことにする。

第Ⅰ期――冷戦期　占領と独立、韓国・中国との国交正常化

①日本国憲法前文〔冒頭部分〕(一九四六年一一月三日公布)

日本国民は、正当に選挙された国会における代表者を通じて行動し、われらとわれらの子孫のために、諸国民との協和による成果と、わが国全土にわたつて自由のもたらす恵沢を確保し、政府の行為によつて再び戦争の惨禍が起ることのないやうにすることを決意し、ここに主権が国民に存することを宣言し、この憲法を確定する。

②サンフランシスコ講和条約第一一条（一九五一年九月八日）

日本国は、極東国際軍事裁判所並びに日本国内及び国外の他の連合国戦争犯罪法廷の裁判を受諾し、且つ、日本国で拘禁されている日本国民にこれらの法廷が課した刑を執行するものとする。これらの拘禁されている者を赦免し、減刑し、及び仮出獄させる権限は、各事件について刑を課した一又は二以上の政府の決定及び日本国の勧告に基く場合の外、行使することができない。極東国際軍事裁判所が刑を宣告した者については、この権限は、裁判所に代表者を出した政府の過半数の決定及び日本国の勧告に基く場合の外、行使することができない。

③椎名悦三郎外務大臣の外交演説［日韓基本条約関連部分］（一九六五年七月三〇日）

過去の日韓関係には遺憾ながら不幸な時代があり、この時代について韓国民が心に深い傷痕をもっていますことは、日韓間の新しい関係を展開してゆくに当ってもわれわれが銘記しておかなければならないことであります。われわれといたしましては、今般調印された諸条約が相互に尊重、遵守され、これを基盤として、韓国民と誠意をもって協力し、その繁栄のために応分の寄与をすることによって、このような韓国民の心の傷痕が次第にいやされて行くことを祈念し、また、かかる目標に向って真摯な、かつ、たゆみなき努力を積み重ねて行くよう心掛けなければなりません。

④日中共同声明［前文後半部分］（一九七二年九月二九日）

日中両国は、一衣帯水の間にある隣国であり、長い伝統的友好の歴史を有する。両国国民は、両国間にこれまで存在していた不正常な状態に終止符を打つことを切望している。戦争状態の終結と日中国交の正常化という両国国民の願望の実現は、両国関係の歴史に新たな一頁を開くこととなろう。

日本側は、過去において日本国が戦争を通じて中国国民に重大な損害を与えたことについての責任を痛感し、深く反省する。また、日本側は、中華人民共和国政府が提起した「復交三原則」を十分理解する立場に立って国交正常化の実現をはかるという見解を再確認する。中国側は、これを歓迎するものである。

日中両国間には社会制度の相違があるにもかかわらず、両国は、平和友好関係を樹立すべきであり、また、樹立することが可能である。両国間の国交を正常化し、相互に善隣友好関係を発展させることは、両国国民の利益に合致するところであり、また、アジアにおける緊張緩和と世界の平和に貢献するものである。

⑤日中平和友好条約［前文］（一九七八年八月一二日）

日本国及び中華人民共和国は、

千九百七十二年九月二十九日に北京で日本国政府及び中華人民共和国政府が共同声明を発

出して以来、両国政府及び両国民の間の友好関係が新しい基礎の上に大きな発展を遂げていることを満足の意をもつて回顧し、

前記の共同声明が両国間の平和友好関係の基礎となるものであること及び前記の共同声明に示された諸原則が厳格に遵守されるべきことを確認し、

国際連合憲章の原則が十分に尊重されるべきことを確認し、

アジア及び世界の平和及び安定に寄与することを希望し、

両国間の平和友好関係を強固にし、発展させるため、

平和友好条約を締結することに決定し、このため、次のとおりそれぞれ全権委員を任命した。

⑥歴史教科書に関する宮沢喜一官房長官談話（一九八二年八月二六日）

一、日本政府及び日本国民は、過去において、我が国の行為が韓国・中国を含むアジアの国々の国民に多大の苦痛と損害を与えたことを深く自覚し、このようなことを二度と繰り返してはならないとの反省と決意の上に立って平和国家としての道を歩んで来た。我が国は、韓国については、昭和四十年の日韓共同コミニュニケの中において「過去の関係は遺憾であって深く反省している」との認識を、中国については日中共同声明において「過去において日本国が戦争を通じて中国国民に重大な損害を与えたことの責任を痛感し、深く反省する」との認識を述べたが、これも前述の我が国の反省と決意を確認したものであり、現在において

もこの認識にはいささかの変化もない。

二、このような日韓共同コミュニケ、日中共同声明の精神は我が国の学校教育、教科書の検定にあたっても、当然、尊重されるべきものであるが、今日、韓国、中国等より、こうした点に関する我が国教科書の記述について批判が寄せられている。我が国としては、アジアの近隣諸国との友好、親善を進める上でこれらの批判に十分に耳を傾け、政府の責任において是正する。

三、このため、今後の教科書検定に際しては、教科用図書検定調査審議会の議を経て検定基準を改め、前記の趣旨が十分実現するよう配慮する。すでに検定の行われたものについては、今後すみやかに同様の趣旨が実現されるよう措置するが、それ迄の間の措置として文部大臣が所見を明らかにして、前記二の趣旨を教育の場において十分反映せしめるものとする。

四、我が国としては、今後とも、近隣国民との相互理解の促進と友好協力の発展に努め、アジアひいては世界の平和と安定に寄与していく考えである。

⑦国連創立四〇周年記念会期における中曽根康弘首相演説（一九八五年一〇月二三日）

一九四五年六月二六日、国連憲章がサン・フランシスコで署名されたとき、日本は、ただ一国で四〇以上の国を相手として、絶望的な戦争をたたかっていました。そして、戦争終結後、我々日本人は、超国家主義と軍国主義の跳梁を許し、世界の諸国民にもまた自国民にも多大の惨害をもたらしたこの戦争を厳しく反省しました。日本国民は、祖国再建に取り組むに当たって、我が国固有の伝統と文化を尊重しつつ、人類にとって普遍的な基本的価値、すなわち、平和と自由、民主主義と人道主義を至高の価値とする国是を定め、そのための憲法を制定しました。我が国は、平和国家をめざして専守防衛に徹し、二度と再び軍事大国にはならないことを内外に宣明したのであります。戦争と原爆の悲惨さを身をもって体験した国民として、軍国主義の復活は永遠にあり得ないことであります。この我が国の国是は、国連憲章がかかげる目的や原則と、完全に一致しております。

先行しつつ難航した日韓国交正常化

日本の戦後は、「政府の行為によつて再び戦争の惨禍が起ることのないやうにすること」を憲法の冒頭に掲げ、また極東国際軍事裁判（東京裁判）などの戦犯裁判を受諾することから出発した。日本の占領を終わらせたサンフランシスコ講和条約は、いわゆる片面条約（単独講和）であり、ソ連などは調印せず、また中国は講和会議に参加しておらず、韓国も「交戦国ではなかった」などの理由で参加していなかった。したがって、これらの国々との国交を正常化させる際には、戦争と植民地支配をめぐる「過去の清算」がきわめて重要な交渉テーマとなった。

現在も国交が回復されていない北朝鮮は別格としても、中国・韓国との国交正常化はいずれも難航した。

韓国との国交正常化が先行したのは、第一に、アメリカのアジア政策の中で、社会主義国である「東側」と対抗する同盟国としての日本と韓国の関係を改善する必要があったこと、第二に、在日朝鮮人・韓国人の法的地位の問題や漁業問題など、解決を必要とする実際的な問題があったこと、第三に当時、北朝鮮よりも遅れていた経済開発のために韓国が日本の資金援助を必要としていたこと、などが挙げられる。さらに、韓国では一九六一年に軍事クーデターが発生して、旧日本陸軍士官学校の卒業生であり、戦前日本への違和感を持たない（むしろ明治維新に心酔していたという）朴正熙が独裁的な権限を握ったことも大きな要因として挙げられるだろう。

中国との国交正常化が遅れたのは、韓国との逆で、第一に中国が社会主義国でありアメリカも国交を正常化していなかったことと、第二に蔣介石の台湾との関係があった。

だが、いかにアメリカの斡旋があり、韓国が実際的理由から日本との国交正常化をなしとげようと考えたとしても、植民地支配に反省のない日本との交渉は難航せざるをえなかった。その典型が、中断と再開を繰り返した日韓交渉の、第三次会談における久保田発言である。

それは、「日本としても朝鮮の鉄道や港を造ったり、農地を造成したりもしたし、大蔵省は、当時、多い年で二千万円も持出していた」、「当時日本が（朝鮮に）行かなかったら中国か、ロシアが入っていたかも知れない」というものであった（高崎宗司『検証　日韓会談』岩波新書、五一頁）。外務省の外交官であった久保田貫一郎のこの発言により、一九五三年一〇月六日に始まった第三次会談は二週間で決裂し、以降、四年半にわたって交渉は途絶する。

一九六四年に開会した第七次会談では、交渉妥結の機運が高まる中で、日本側の首席代表であった高杉晋一（三菱電機相談役、経団連経済協力委員長）による「日本は朝鮮を支配したというが、わが国はいいことをしようとした。山には木が一本もないということだが、これは朝鮮が日本から離れてしまったからだ。もう二〇年日本とつきあっていたらこんなことにはならなかっただろう……創氏改名もよかった。朝鮮人を同化し、日本人と同じく扱うためにとられた措置であって、搾取とか圧迫とかいうものではない」という問題発言が飛び出した。韓国側をして「メガトン級の妄言」と言わしめたこの発言を、日本は「誤報」と言い抜けて隠蔽した。

結局、一九六五年二月、椎名悦三郎外務大臣が交渉に訪れた韓国の空港で、「両国間の永い歴史の中に、不幸な期間があったことは、まことに遺憾な次第でありまして、深く反省するものであります」と述べたことで交渉が前進し、同年六月二二日に日韓基本条約は調印される。

紹介した椎名の外交演説は、第四九回臨時国会におけるものである。「不幸な時期」についての反省が述べられているが、植民地支配という明確な認識に日本政府が達するのは、まだ先のことである。一九五〇年代の久保田発言や六〇年代の高杉発言と同様の認識が、現在も語られることがあるのは、深刻としか言いようがない。

日中国交正常化

長い歴史的関係があり、また国際的に見ても大国である中国（中華人民共和国）との国交正常化は、長く重要な政治的課題であったが、日本側の与党の自民党内には、岸信介元首相など、反共というイデオロギーなどの点から台湾との関係を重視する勢力も強く、交渉は始まらなかった。一九七〇年代に入るまで、日中間の交流は一部の人々の篤志によって担われていた。廖承志と高碕達之助の頭文字をとった「ＬＴ貿易」が有名である。

状況を変えたのは、アメリカの動きであった。当時、アメリカは中国の国連加盟を阻止し、台湾が中国を代表している状況を固持しようと、国連においてさまざまな対応策を繰り出していた。日本の佐藤栄作内閣もそれに同調し、中国の国連加盟をアメリカの采配のもとで妨害していた。だが一方でアメリカは中国の国連加盟は避けられないと現実的に判断、キッシンジャー国務長官を訪中させるなど、極秘のうちに交渉を開始していた。

一九七一年七月、当時のニクソン大統領が中国訪問を公表すると、それを知らされていなかった佐藤内閣は狼狽《ろうばい》する。だが、中国側は佐藤政権との交渉は拒む。結局、日中国交正常化は、田中角栄内閣が一九七二年に誕生してからのこととなった。

当時、中国側においても、ソ連との間に核戦争をも辞さないというほどの深刻な中ソ対立が起きており、中国にはアメリカや日本との関係改善を進めなければならない要因もあった。

田中内閣は誕生後、わずか二カ月半で国交正常化をなしとげる。その背景には、兵卒としての戦争体験を持つ田中首相の中国への贖罪意識があった。首相になる前、佐藤内閣の通産大臣として、田中角栄は自民党の川崎秀二からの質問に答えている（一九七二年三月二三日、衆議院予算委員会議事録）。

川崎　……私が、次期政局を見通して、田中通産大臣にもたいへん大きな期待を抱いておりますることは、……ちょうど私が幹事長室へ参りましたら、雑談の中における田中幹事長のお話の中に、日中国交回復まではやはりわれわれはひけ目がある、土下座外交は困るけれども、中国に対してはやはりこちらは戦争の責任について贖罪をしておらぬ、こういうことを明快に言われたことです。……これはおそらく戦争中召集兵士として非常に苦惨もなめられ、その中において今度の日中国交にあたっては、何としてもやはりあのいまわしい戦争における日本の大陸進出、向こうから言わせれば侵略ということに対しての償いというものをしなければならぬという考え方があなたにあられるということを私は看取したわけであります。そういう心がまえで今後臨まれるならば、日中国交の第一の難関というものは乗り越えられるのではないかという感じが非常にいたしております。……この日中国交にあたっての贖罪意識というものがこの機会に明快に公にされることはたいへんいいことではないか。私の質問はこれで終わりますから、ぜひ明快な御答弁をいただきたいと思います。

田中　私も昭和十四年から昭和十五年一ぱい、一年有半にわたって満ソ国境へ一兵隊として行って勤務したことがございます。しかしその中で、私は人を傷つけたり殺傷することがなかったことは、それなりに心の底でかすかに喜んでおるわけでございますが、しかし私は、中国大陸に対してはやはり大きな迷惑をかけたという表現を絶えずしております。これは公の席でも公の文章にもそう表現をしております。迷惑をかけたことは事実である、やはり日中国交正常化の第一番目に、たいへん御迷惑をかけました、心からおわびをしますという気持ち、やはりこれが大前提になければならないという気持ちは、いまも将来も変わらないと思います。日中間二千年の歴史、もっともっと古いかもしれません。しかも日本文化は中国文化によって育ったということでありますし、同じ基盤に立つ東洋民族でもございますし、恩讐を越えて、新しい視野と立場と角度から日中間の国交の正常化というものをはかっていかなければならないのだ、そういううしろ向きなものに対してはやはり明確なピリオドを打って、そこで新しいスタートということを考えていかなければならないだろう、私はすなおにそう理解しておりますし、これが中国問題に対する一つの信念でもあります。

田中内閣のもとで外務大臣に就いた大平正芳もまた、戦時中に大蔵官僚として中国（内蒙古の張家口）へ出向した経験があり、その贖罪意識は田中以上であったという（服部龍二『日中国交正常化』中公新書、四六頁）。こうして中国との国交正常化はなしとげられる。

アメリカの反共政策のもとで、岸信介元首相ら日本側の「親韓派」と韓国側の軍事政権が、それぞれの思惑の中で妥結を急いだ日韓基本条約と、田中角栄・大平正芳と周恩来・毛沢東らが、不十分とはいえ過去の総括をある程度なしとげたうえで発した日中共同声明とは、かなり性質の異なるものと言えよう。

なお、日中共同声明の第七項では、「両国のいずれも、アジア・太平洋地域において覇権を求めるべきではなく、このような覇権を確立しようとする他のいかなる国、あるいは国の集団による試みにも反対する」と謳っている。この反覇権条項は対ソ連を想定しているからとして、ソ連を刺激したくない日本側が難色を示した。日中平和友好条約の際にも、この反覇権条項が問題となり、渋る日本側を説得するために、鄧小平は「この反覇権条項は、将来中国が覇権国家とならないためにも必要なのです」と述べたという。

現在につづく教科書・靖国問題

一九八二年六月、高校社会科の教科書に関し、文部省(当時)が検定で、中国大陸への「侵略」を「進出」と統一するよう「改善意見」を付けていることがマスコミで報じられ、中・韓などから激しい批判が起きた。一九八五年八月一五日の中曽根首相の靖国参拝によって惹起された靖国問題と並び、現在の歴史認識問題に通ずる画期となったと言えよう。韓国ではこのことが契機となって、日本の植民地支配を厳しく批判する独立記念館の建設に着手した。

日韓基本条約においては植民地支配に言及せず、日中共同声明・日中平和友好条約において侵略に言及しなかった日本政府の歴史認識の曖昧さが、教科書と靖国という媒体を通じて、あらためて明らかになり、問題化したとも言えるだろう。

鈴木善幸内閣のもとで出された宮沢官房長官談話は、アジア諸国に残る被害感情に比較的理解のある首相と官房長官のもとで出されたものとして、後の宮沢首相・河野洋平官房長官の「河野談話」と共通するものがある。右派から攻撃され続けている点でも同様であるが、この談話で述べられている認識そのものは、すでに日韓・日中の間で発出されていた公式見解を繰り返しているにすぎない。

宮沢談話、近隣諸国条項については、本稿執筆時点でも政府は基本的に維持している。二〇一四年五月、国会で、政府側は「宮沢官房長官談話を受けまして、教科用図書検定調査審議会での審議を経まして、昭和五十七年の十一月に教科書検定基準を改正いたしまして、いわゆる近隣諸国条項を追加した……この近隣諸国条項は現在まで改正されていないところでございます。また、宮沢官房長官談話の発表以降、同談話を否定するようなものは出されていません」と述べている。

だが、自民党は近年、総選挙の際に出す公約集で、近隣諸国条項について「見直します」と記述している。その認識は、「多くの教科書に、いまだに自虐史観に立つなど、偏向した記述が存在し」、「わが国と郷土を愛する」ための教科書で、「子供たちが学ぶことができるよう、教科書検定基準……を改正するとともに、政府見解があるものについてはきちんと書かせ、特定の学説のみを記載して子供たちが誤解するといったことがないように抜本的改革を進めるとともに、いわゆる「近隣諸国条項」に関しては、見直し」をする、というものである。

国会で右派の議員が繰り返し見直しを求め、第二次・第三次安倍内閣で文科大臣に就いた下村博文もそれを明確に否定しない答弁をしている。しかし、近隣諸国条項の改廃は、また大きな国際問題を引き起こすことになるだろう。

敗戦記念日の靖国参拝などにより、タカ派としての「実績」の多い中曽根康弘だが、国連演説では「超国家主義と軍国主義の跳梁を許し、世界の諸国民にもまた自国民にも多大の惨害をもたらしたこの戦争を厳しく反省」し、軍国主義の復活は「永遠にあり得ない」と宣言していた。一九八五年五月八日、西ドイツのヴァイツゼッカー大統領のなした有名な演説「荒れ野の四〇年」の格調高さには及ばないものの、一般的な中曽根のイメージからは驚かされる内容である。

一九八五年八月一五日、閣僚を引き連れて首相として初めて靖国神社を公式参拝し、近隣諸国から厳しく批判された中曽根首相だが、国際社会の場ではこのように言わざるを得ないことは理解していたということであろう。

また、靖国参拝の前日、八月一四日に藤波官房長官が出した談話では、靖国参拝にかかわって次のように述べている。

明日八月一五日は、「戦没者を追悼し平和を祈念する日」であり、戦後四〇年に当たる記念すべき日である。この日、内閣総理大臣は靖国神社に内閣総理大臣としての資格で参拝を行う。……国際関係の面では、我が国は、過去において、アジアの国々を中心とする多数の人々に多大の苦痛と損害を与えたことを深く自覚し、このようなことを二度と繰り返してはならないとの反省と決意の上に立って平和国家としての道を歩んで来ているが、今般の公式参拝の実施に際しても、その姿勢にはいささかの変化もなく、戦没者の追悼とともに国際平和を深く念ずるものである旨、諸外国の理解を得るよう十分努力してまいりたい。

正当化を試みた中曽根首相だが、激しい反発を受けて、翌一九八六年には、次のように述べて、靖国参拝を断念する(一九八六年九月一六日、衆議院本会議での土井たか子議員への答弁)。

この官房長官談話は今日も生きております。しかし、その後いわゆるA級戦犯の問題が惹起されました。やはり日本は近隣諸国あるいはアジア諸国との友好協力関係を増進していかなければ生きていけない国でございます。しかも、それらの国との平和の回復の際におきましては、条約あるいは宣言等におきまして、過去についてはこれを教訓とし、そして反省すると我々は約束もしておるところでございます。しかし、一方におきましては相手側の国民感情もございますが、日本側の死生観とか日本側の国民感情もあり、主権と独立の擁護、内政不干渉という、厳然と守らなければならぬ点もあります。しかし、国際関係におきましては、我が国だけの考えが通用すると思ったら間違いでありまして、一方的通行というものは危険であります。特にアジア諸国等々の国民感情も考えまして、国際的に通用する常識あるいは通念によって政策というものは行うのが正しい。……アジアから日本が孤立した場合に、果たしてアジアのために第一線で戦死したと考えているまじめなあの将兵たちが、英霊が喜ぶであろうか。

なお、中国は、中曽根首相の靖国参拝を契機にして、南京大虐殺紀念館の建設を始めた。侵略や植民地支配といった核心的な歴史認識について日本政府が触れることとなるのは、冷戦の終結を待たなければならなかった。次に、そのポスト冷戦期を第Ⅱ期として三つの政府見解をとりあげる。

第Ⅱ期　冷戦終結から村山首相談話

⑧「慰安婦」関係調査結果発表に関する河野洋平官房長官談話（一九九三年八月四日）

いわゆる従軍慰安婦問題については、政府は、一昨年一二月より、調査を進めて来たが、今般その結果がまとまったので発表することとした。

今次調査の結果、長期に、かつ広範な地域にわたって慰安所が設置され、数多くの慰安婦が存在したことが認められた。慰安所は、当時の軍当局の要請により設営されたものであり、慰安所の設置、管理及び慰安婦の移送については、旧日本軍が直接あるいは間接にこれに関与した。慰安婦の募集については、軍の要請を受けた業者が主としてこれに当たったが、その場合も、甘言、強圧による等、本人たちの意思に反して集められた事例が数多くあり、更に、官憲等が直接これに加担したこともあったことが明らかになった。また、慰安所における生活は、強制的な状況の下での痛ましいものであった。

なお、戦地に移送された慰安婦の出身地については、日本を別とすれば、朝鮮半島が大きな比重を占めていたが、当時の朝鮮半島は我が国の統治下にあり、その募集、移送、管理等も、甘言、強圧による等、総じて本人たちの意思に反して行われた。

いずれにしても、本件は、当時の軍の関与の下に、多数の女性の名誉と尊厳を深く傷つけた問題である。政府は、この機会に、改めて、その出身地のいかんを問わず、いわゆる従軍慰安婦として数多の苦痛を経験され、心身にわたり癒しがたい傷を負われたすべての方々に対し心からお詫びと反省の気持ちを申し上げる。また、そのような気持ちを我が国としてどのように表すかということについては、有識者のご意見なども徴しつつ、今後とも真剣に検討すべきものと考える。

われわれはこのような歴史の真実を回避することなく、むしろこれを歴史の教訓として直視していきたい。われわれは、歴史研究、歴史教育を通じて、このような問題を永く記憶にとどめ、同じ過ちを決して繰り返さないという固い決意を改めて表明する。

なお、本問題については、本邦において訴訟が提起されており、また、国際的にも関心が寄せられており、政府としても、今後とも、民間の研究を含め、十分に関心を払って参りたい。

⑨細川護熙首相所信表明演説［関連部分］（一九九三年八月二三日）

我が国は今や世界で有数の繁栄と平和を享受する国となることができました。それはさきの大戦でのたっとい犠牲の上に築かれたものであり、先輩世代の皆様方の御功績のたまものであったことを決して忘れてはならないと思います。我々はこの機会に世界に向かって過去の歴史への反省と新たな決意を明確にすることが肝要であると考えます。まずはこの場を借りて、過去の我が国の侵略行為や植民地支配などが多くの人々に耐えがたい苦しみと悲しみをもたらしたことに改めて深い反省とおわびの気持ちを申し述べるとともに、今後一層世界平和のために寄与することによって我々の決意を示していきたいと存じます。

⑩戦後五〇周年にあたっての村山富市首相談話（一九九五年八月一五日）

先の大戦が終わりを告げてから、五〇年の歳月が流れました。今、あらためて、あの戦争によって犠牲となられた内外の多くの人々に思いを馳せるとき、万感胸に迫るものがあります。

敗戦後、日本は、あの焼け野原から、幾多の困難を乗りこえて、今日の平和と繁栄を築いてまいりました。このことは私たちの誇りであり、そのために注がれた国民の皆様一人一人の英知とたゆみない努力に、私は心から敬意の念を表すものであります。ここに至るまで、米国をはじめ、世界の国々から寄せられた支援と協力に対し、あらためて深甚な謝意を表明いたします。また、アジア太平洋近隣諸国、米国、さらには欧州諸国との間に今日のような友好関係を築き上げるに至ったことを、心から喜びたいと思います。

平和で豊かな日本となった今日、私たちはややもすればこの平和の尊さ、有難さを忘れがちになります。私たちは過去のあやまちを二度と繰り返すことのないよう、戦争の悲惨さを若い世代に語り伝えていかなければなりません。とくに近隣諸国の人々と手を携えて、アジア太平洋地域ひいては世界の平和を確かなものとしていくためには、なによりも、これらの諸国との間に深い理解と信頼にもとづいた関係を培っていくことが不可欠と考えます。政府は、この考えにもとづき、特に近現代における日本と近隣アジア諸国との関係にかかわる歴史研究を支援し、各国との交流の飛躍的な拡大をはかるために、この二つを柱とした平和友好交流事業を展開しております。また、現在取り組んでいる戦後処理問題についても、わが国とこれらの国々との信頼関係を一層強化するため、私は、ひき続き誠実に対応してまいります。

いま、戦後五〇周年の節目に当たり、われわれが銘記すべきことは、来し方を訪ねて歴史の教訓に学び、未来を望んで、人類社会の平和と繁栄への道を誤らないことであります。

わが国は、遠くない過去の一時期、国策を誤り、戦争への道を歩んで国民を存亡の危機に陥れ、植民地支配と侵略によって、多くの国々、とりわけアジア諸国の人々に対して多大の損害と苦痛を与えました。私は、未来に誤ち無からしめんとするが故に、疑うべくもないこの歴史の事実を謙虚に受け止め、ここにあらためて痛切な反省の意を表し、心からのお詫びの気持ちを表明いたします。また、この歴史がもたらした内外すべての犠牲者に深い哀悼の念を捧げます。

敗戦の日から五〇周年を迎えた今日、わが国は、深い反省に立ち、独善的なナショナリズムを排し、責任ある国際社会の一員として国際協調を促進し、それを通じて、平和の理念と民主主義とを押し広めていかなければなりません。同時に、わが国は、唯一の被爆国としての体験を踏まえて、核兵器の究極の廃絶を目指し、核不拡散体制の強化など、国際的な軍縮を積極的に推進していくことが肝要であります。これこそ、過去に対するつぐないとなり、犠牲となられた方々の御霊を鎮めるゆえんとなると、私は信じております。

「杖《よ》るは信に如《し》くは莫《な》し」と申します。この記念すべき時に当たり、信義を施政の根幹とすることを内外に表明し、私の誓いの言葉といたします。

これらの三つの談話は、自民党単独政権の終焉と非自民政権の誕生、さらに社会党の村山富市を首相とする内閣の誕生という日本政治の激動期の産物である。一九九五年の戦後五〇年の前後、短命に終わった羽田内閣をのぞいて、宮沢内閣・細川内閣・村山内閣と、穏当な歴史認識を持つ人々が政権担当者となったことは、日本政府の歴史認識を飛躍的に前進させることとなった。

河野官房長官談話は、先ほども触れたように、宮沢内閣のもとで出されている。一九九二年一月の宮沢首相の訪韓の際に、調査と何らかの措置を韓国側に約束したものを、内閣総辞職の前日に果たしたものである。宮沢政権は非自民八党派連立内閣に交代する。この談話が、長く続いた自民党単独政権の最後の仕事であったと考えると感慨がある。

細川首相の所信表明については、日本の首相が初めて「侵略」という単語を用いて公に日本の過去への認識を明らかにしたと言われることも多いが、実際には総理就任の際の記者会見において「侵略戦争」という表現を用いていた。しかし、反発を受けて、この所信表明では「侵略行為」としている。それまでは、竹下登首相なども「侵略行為」には言及していた。海部俊樹首相も「私はあの戦争を聖戦だと言ったことは一度もありませんし、そんなことも思っておりませんし、侵略の事実があったことを率直に私は認めて申し上げたところでございます」と国会で答弁している（一九九〇年五月二一日、参議院予算委員会など）。

敗戦から冷戦終結までの約半世紀の年月のなかで、徐々に深められてきた先の戦争に対する反省が、ついに村山談話となって結実することとなった。

村山談話は国策の誤りを明確に確認するとともに、他国の被害者に対して誠意ある謝罪をなした。その核心的な文言は、「植民地支配」、「侵略」、「痛切な反省」、「心からのお詫び」である。同時に独善的なナショナリズムを排することや、核軍縮・国際的軍縮について述べられていることにも注目したい。一九八五年のヴァイツゼッカー演説に遅れること一〇年ではあったが、戦後五〇年の節目において、日本政府は国際的に認められる歴史認識に、ついに達した。

朝日新聞社は、二〇一五年三～四月にかけて、かつての同盟国であり、同じ敗戦国である日本とドイツで世論調査を実施した（『朝日新聞』同年四月一四日付）。日本では二〇歳以上の男女三〇〇〇人に対し郵送方式で（有効回答二〇一六人）、ドイツでは一八歳以上の男女を対象に電話で（有効回答一〇〇〇人）行なわれた調査の結果によると、被害を与えた周辺国との関係について、「大いにうまくいっている」「ある程度うまくいっている」と考えている者がドイツでは九四％であるのに対し、日本では四六％であった。単純な比較はできないとはいえ、この数字の違いは大きすぎるのではないだろうか。

戦後ドイツの歴史に向き合う姿勢が周辺諸国との和解を可能にしたことは、つとに指摘されているとおりである。まさに、「ドイツは歴史上初めて隣国すべてが友人となった」のである。

一方で、日本は周辺諸国との間で和解をなし得ていない。北朝鮮との間には国交すら開かれていない。しかし、それでも、先の大戦についての反省とおわびを表明した村山首相談話についてのは、これを妥当とする回答が七四%に上っている点は注目される。さらに、首相の靖国神社参拝に賛成した者の七六%も村山首相談話を支持している。村山談話が広く日本国民に妥当なものとして支持されていることがうかがえる。

もちろん、村山談話に対する支持は国内だけではない。前述したように、一九九八年の日中共同宣言の中でも「一九九五年八月十五日の内閣総理大臣談話を遵守し」と謳われており、また、米国務省のサキ報道官が、安倍首相の戦後七〇年の談話について、「これまでに村山富市元首相と河野洋平元官房長官が示した謝罪が近隣諸国との関係を改善するための重要な区切りであったというのが我々の見解だ」と語っている。村山首相談話は、ドイツにおけるヴァイツゼッカー大統領演説と同様、日本の有する「平和資源」である。

第Ⅲ期　村山談話の継承と葛藤

⑪橋本龍太郎首相の内外記者会見での発言［関連部分］（一九九七年九月六日）

日本政府は、第二次世界大戦敗戦の日から五十周年の一九九五年、内閣総理大臣談話という形をとりまして、我が国として、過去の日本の行為が中国を含む多くの人々に対し、耐え難い悲しみと苦しみを与えた、これに対して深い反省の気持ちの上に立ち、お詫びを申し上げながら、平和のために力を尽くそうとの決意を発表しました。私自身がその談話の作成に関わった閣僚の一人です。そしてこれが日本政府の正式な態度である、立場であることを繰り返し申し上げたいと思います。そしてこのことは首脳間における論議の中でも、中国側に私も率直に申し上げ、李鵬総理も私の発言に完全に同意すると、そう言って頂きました。

⑫元「慰安婦」の方々への内閣総理大臣のおわびの手紙（一九九六年八月一四日、橋本首相名）

拝啓　このたび、政府と国民が協力して進めている「女性のためのアジア平和国民基金」を通じ、元従軍慰安婦の方々へのわが国の国民的な償いが行われるに際し、私の気持ちを表明させていただきます。

いわゆる従軍慰安婦問題は、当時の軍の関与の下に、多数の女性の名誉と尊厳を深く傷つけた問題でございました。私は、日本国の内閣総理大臣として改めて、いわゆる従軍慰安婦として数多の苦痛を経験され、心身にわたり癒しがたい傷を負われたすべての方々に対し、心からおわびと反省の気持ちを申し上げます。

我々は、過去の重みからも未来への責任からも逃げるわけにはまいりません。わが国としては、道義的な責任を痛感しつつ、おわびと反省の気持ちを踏まえ、過去の歴史を直視し、正しくこれを後世に伝えるとともに、いわれなき暴力など女性の名誉と尊厳に関わる諸問題にも積極的に取り組んでいかなければならないと考えております。

末筆ながら、皆様方のこれからの人生が安らかなものとなりますよう、心からお祈りしております。

敬具

⑬日韓共同宣言［第二項］（一九九八年一〇月八日、小渕恵三首相・金大中大統領）

二．両首脳は、日韓両国が二十一世紀の確固たる善隣友好協力関係を構築していくためには、両国が過去を直視し相互理解と信頼に基づいた関係を発展させていくことが重要であることにつき意見の一致をみた。

小渕総理大臣は、今世紀の日韓両国関係を回顧し、我が国が過去の一時期韓国国民に対し植民地支配により多大の損害と苦痛を与えたという歴史的事実を謙虚に受けとめ、これに対し、痛切な反省と心からのお詫びを述べた。

金大中大統領は、かかる小渕総理大臣の歴史認識の表明を真摯に受けとめ、これを評価すると同時に、両国が過去の不幸な歴史を乗り越えて和解と善隣友好協力に基づいた未来志向的な関係を発展させるためにお互いに努力することが時代の要請である旨表明した。

また、両首脳は、両国国民、特に若い世代が歴史への認識を深めることが重要であることについて見解を共有し、そのために多くの関心と努力が払われる必要がある旨強調した。

⑭平和と発展のための友好協力パートナーシップの構築に関する日中共同宣言［関連部分］

（一九九八年一一月二六日、小渕首相・江沢民主席）

双方は、過去を直視し歴史を正しく認識することが、日中関係を発展させる重要な基礎であると考える。日本側は、一九七二年の日中共同声明及び一九九五年八月十五日の内閣総理大臣談話を遵守し、過去の一時期の中国への侵略によって中国国民に多大な災難と損害を与えた責任を痛感し、これに対し深い反省を表明した。中国側は、日本側が歴史の教訓に学び、平和発展の道を堅持することを希望する。双方は、この基礎の上に長きにわたる友好関係を発展させる。

⑮日朝平壌共同宣言［関連部分］（二〇〇二年九月一七日、小泉純一郎首相・金正日国防委員長）

日本側は、過去の植民地支配によって朝鮮の人々に多大の損害と苦痛を与えたという歴史の事実を謙虚に受け止め、痛切な反省と心からのお詫びの気持ちを表明した。

⑯戦後六〇年小泉首相談話［前半部分］（二〇〇五年八月一五日）

私は、終戦六十年を迎えるに当たり、改めて今私たちが享受している平和と繁栄は、戦争によって心ならずも命を落とされた多くの方々の尊い犠牲の上にあることに思いを致し、二度と我が国が戦争への道を歩んではならないとの決意を新たにするものであります。

先の大戦では、三百万余の同胞が、祖国を思い、家族を案じつつ戦場に散り、戦禍に倒れ、あるいは、戦後遠い異郷の地に亡くなられています。

また、我が国は、かつて植民地支配と侵略によって、多くの国々、とりわけアジア諸国の人々に対して多大の損害と苦痛を与えました。こうした歴史の事実を謙虚に受け止め、改めて痛切な反省と心からのお詫びの気持ちを表明するとともに、先の大戦における内外のすべての犠牲者に謹んで哀悼の意を表します。悲惨な戦争の教訓を風化させず、二度と戦火を交えることなく世界の平和と繁栄に貢献していく決意です。

⑰日韓併合一〇〇年に際しての菅直人首相談話（二〇一〇年八月一〇日）

本年は、日韓関係にとって大きな節目の年です。ちょうど百年前の八月、日韓併合条約が締結され、以後三十六年に及ぶ植民地支配が始まりました。三・一独立運動などの激しい抵抗にも示されたとおり、政治的・軍事的背景の下、当時の韓国の人々は、その意に反して行われた植民地支配によって、国と文化を奪われ、民族の誇りを深く傷付けられました。

私は、歴史に対して誠実に向き合いたいと思います。歴史の事実を直視する勇気とそれを受け止める謙虚さを持ち、自らの過ちを省みることに率直でありたいと思います。痛みを与えた側は忘れやすく、与えられた側はそれを容易に忘れることは出来ないものです。この植民地支配がもたらした多大の損害と苦痛に対し、ここに改めて痛切な反省と心からのお詫びの気持ちを表明いたします。

このような認識の下、これからの百年を見据え、未来志向の日韓関係を構築していきます。また、これまで行ってきたいわゆる在サハリン韓国人支援、朝鮮半島出身者の遺骨返還支援といった人道的な協力を今後とも誠実に実施していきます。さらに、日本が統治していた期間に朝鮮総督府を経由してもたらされ、日本政府が保管している朝鮮王朝儀軌等の朝鮮半島由来の貴重な図書について、韓国の人々の期待に応えて近くこれらをお渡ししたいと思います。

日本と韓国は、二千年来の活発な文化の交流や人の往来を通じ、世界に誇る素晴らしい文化と伝統を深く共有しています。さらに、今日の両国の交流は極めて重層的かつ広範多岐にわたり、両国の国民が互いに抱く親近感と友情はかつてないほど強くなっております。また、両国の経済関係や人的交流の規模は国交正常化以来飛躍的に拡大し、互いに切磋琢磨しながら、その結び付きは極めて強固なものとなっています。

日韓両国は、今この二十一世紀において、民主主義や自由、市場経済といった価値を共有する最も重要で緊密な隣国同士となっています。それは、二国間関係にとどまらず、将来の東アジア共同体の構築をも念頭に置いたこの地域の平和と安定、世界経済の成長と発展、そして、核軍縮や気候変動、貧困や平和構築といった地球規模の課題まで、幅広く地域と世界の平和と繁栄のために協力してリーダーシップを発揮するパートナーの関係です。

私は、この大きな歴史の節目に、日韓両国の絆がより深く、より固いものとなることを強く希求するとともに、両国間の未来をひらくために不断の努力を惜しまない決意を表明いたします。

アジア外交の基盤としての村山談話

一九九五年の村山談話以降、橋本・小渕・森・小泉・安倍・福田・麻生・鳩山・菅・野田・安倍と、一〇人（安倍は二回）の首相が誕生した。そのいずれの政権においても、村山談話は踏襲されてきた。村山談話を基盤としてかたちづくられてきたのが、一九九五年以降の日本のアジア外交であった。

自社さ連立政権を村山内閣から引き継いだ橋本内閣の軌跡は、自民党の首相に戻った段階で村山談話の認識を引き継ぎ、また「慰安婦」問題での事業を引き続き行なった点でも、重要な意味を持つ。橋本が日本遺族会会長としてタカ派のイメージがあっただけに、なおさらである。このお詫びの手紙は、発出されるまでに紆余曲折はあったものの、その内容や形式は整っており、真摯さが感じられるものである。

ひきつづく日韓共同宣言や日中共同宣言は、村山談話の示した歴史認識の上に立つことを確認しつつ、友好関係の発展を見通した外交文書としてきわめて意義深い。

また村山談話によって示された歴史認識により、いまだ国交正常化がなされていない北朝鮮との交渉の開始にあたって、かつて日韓会談が何度も途絶したような歴史認識における齟齬《そご》を、日本は繰り返さずに済むということが、日朝平壌宣言によって示されている。

戦後六〇年の際に出された小泉首相談話は、表現はほぼ村山談話を踏襲している。これをどう評価するかは難しい面がある。村山談話が歴代政権によって踏襲されるということを確定的にした政治的効果もあるし、一方では、小泉純一郎が二〇〇一年に首相に就任して以降、毎年靖国神社を参拝し、日本のアジア外交に破滅的と言っていいほどの悪影響を与えていたことに対する言い訳として村山談話の表現が使われた印象も拭えない。また、一〇年の間に村山談話から認識に後退もなかったかわりに前進もなかったということも言える。

戦後七〇年の安倍談話の問題に引き寄せて言うならば、戦後五〇年、すなわち半世紀という明確な政治的節目とは違い、戦後六〇年という「節目」と言えるかどうか微妙な時点で、釈明的な意味合いから「談話」を出したことにより、戦後七〇年という、これも「節目」と言えるのかどうか微妙な時点で首相談話を出すという政治的機運につながっていると言えよう。

民主党政権のもとで菅直人首相が出した談話は、日韓併合一〇〇年という、まさに「節目」といえる時に出された談話であり、その内容はきわめて明確である。植民地支配に対する反省の姿勢という点では、欧米の旧宗主国の多くより先の地平に日本は達しているとも言えよう。

だが、問題は、こうした歴史認識を政府が繰り返し明らかにし、首脳会談などでも表明して共同宣言などで明文化しているにもかかわらず、日本政府の内部や与党議員などから繰り返しその認識を覆すかのような動きが出され、また教科書問題や靖国参拝などもあって、いつまで経っても日本の姿勢、その「本音」への疑念が、被害国側から消え去らないことである。その結果、日本国内では「いつまで謝罪しなければいけないのか」といった〝謝罪疲れ〟とも言うべき状況が一部に出てきてしまっている。

安倍政権——歴史認識問題の停滞と混迷

冷戦期の模索を経て村山談話に達し、それを発展させてきた日本政府の歴史認識をめぐる状況は、二〇一二年の第二次安倍政権の誕生によって、停滞と混迷の時期に入ったと言える。

首相就任前、安倍晋三は、マスコミの取材に応えて、河野談話などを批判していた橋下徹大阪市長の大阪維新の会（当時）との連携をめぐって、次のように語っていた。

橋下さんは慰安婦問題についても河野談話を批判した。強制連行を示す資料、証拠はなかったと言った。私は大変勇気ある発言だと高く評価している。彼はその発言の根拠として、安倍内閣での閣議決定を引用した。戦いにおける同志だと認識している。
自民党が再び政権の座に就けば東アジア外交を立て直す必要がある。過去に自民党政権時代にやってきたことも含め、周辺国への過度の配慮は結局、真の友好にはつながらなかった。（教科書で周辺諸国への配慮を約束した）宮沢談話、河野談話、（アジア諸国に心からのおわびを表明した）村山談話、全ての談話を見直す必要がある。新たな政府見解を出すべきだ。
（『産経新聞』二〇一二年八月二八日付）

きわめて明確な立場の表明であるが、首相就任後は、村山談話については「全体として踏襲する」、河野談話は「見直しは考えていない」といった、熱意や誠意に乏しい政治的言い回しに落ち着いた。ただし、日韓併合の際の菅談話については、より微妙である。二〇一四年一月三一日の衆議院予算委員会での質疑における、民主党岡田克也代表代行とのやりとりである。

岡田　菅談話というのがあります。……基本的には村山談話、小泉談話を踏襲しているわけですけれども、……当時の韓国の人々は、その意に反して行われた植民地支配によって、国と文化を奪われ、民族の誇りを深く傷つけられました、こういう表現になっているわけです。この菅談話については、総理は引き継がれるおつもりですか。

安倍　安倍内閣の立場は、かつての国々、特にアジアの諸国の人々に対して多大の損害と苦痛を与えてきました。その認識においては、安倍内閣としても、歴代の内閣の立場を引き継いでいるということでありまして、その中において、戦後、我が国は、その深刻な反省の上に立って、自由で、民主的で、基本的人権や法の支配をたっとぶ国をつくり、戦後六十八年にわたって平和国家としての歩みを歩んできた、その歩みにおいては今後も一切変わることはない、こういうことでございます。

岡田　今の答弁がよくわからないんですけれども、結局、この菅談話について、総理は引き継いでおられるのかどうか。村山談話については、全体として引き継ぐということは言われているわけですね。では、菅談話についてはどうなのかということをお聞きしているわけです。いかがでしょうか。

安倍　今、内閣としての立場については申し上げてきたとおりでありまして、いわば歴史認識ということについては、我が国は、かつて、多くの国々、とりわけアジアの諸国の人々に対して多大の損害と苦痛を与えてきた、その認識において、安倍内閣としても同じであり、これまでの歴代の内閣の立場を引き継ぐ考えであるということは、再々申し上げてきたとおりであります。

岡田　そうすると、今言われた範囲で菅談話も、歴代内閣と言われましたから、引き継がれている、こういうことですか。

安倍　累次申し上げてきているとおりであります。

「歴代の内閣の立場を引き継ぐ」と言い、村山談話や河野談話、小泉談話については名前を挙げるものの、菅談話については決して明言しようとしない、その意図はどこにあるのだろうか。民主党政権への憎悪といっていい感情を繰り返し表明している安倍首相は、菅談話についてはその名前も口にしたくないということなのか。そうだとすれば、あまりに幼稚な振る舞いと言われても仕方ないであろう。

このように、歴代の日本政府の公式見解を順に見てくると、冒頭で紹介した安倍首相のアジア安全保障会議（シャングリラ・ダイアローグ）での講演の内容との落差の大きさに戸惑う。閣議決定による武器禁輸原則の緩和（二〇一四年四月）、集団的自衛権の行使容認（二〇一四年七月）、という戦後日本の防衛政策の根幹の変更と、アジア安全保障会議での講演、そして後述する靖国神社参拝（二〇一三年一二月二六日）とを併せ見るとき、安倍政権が、歴代政権とは全く違った歴史認識を持つ異形の政権だということが理解されよう。

第2章　安倍政権とその周辺の歴史認識

安倍首相の歴史認識に寄せられる危惧

二〇一五年は、一九四五年八月一五日の日本の敗戦から七〇年目となる。日韓基本条約からは五〇年の節目である。

安倍首相は二〇一五年一月二五日、ＮＨＫの討論番組で、「戦後七〇年談話」について、「(歴代政権が)いままで重ねてきた文言を使うかどうかではなく、安倍政権として(戦後)七〇年を迎えてどう考えているかという観点から談話を出したい」、「今までのスタイルをそのまま下敷きとしておきながら(新談話を)書いていくことになれば、「今まで使った言葉を使わなかった」、あるいは「新しい言葉が入った」という、こまごまとした議論になっていく」と述べ、「植民地支配と侵略」、「痛切な反省」、「心からのお詫び」などのキーワードを使うかどうか司会に問われると、「そういうことではない」と明言した(『朝日新聞』同年一月二六日付)。

この発言に対して、連立を組む公明党の山口那津男代表は、「キーワードは極めて大きな意味を持っている。それを尊重して意味が伝わるものにしなければならない」と語った。民主党の岡田代表も「植民地支配や侵略を「こまごまとしたこと」と言った首相の発言は許せない。過去を認め、戦後七〇年日本がやったことを伝え、未来志向と、この三つがそろわなければならない。

過去の反省が飛んでは、戦後七〇年の歩みを否定することになりかねない」と批判した（同前）。

同年一月二六日、中国外務省の華春瑩副報道局長は、会見で、「我々は日本政府と指導者が過去の侵略の歴史にどのような態度をとり、対外的にどんなメッセージを発するのか、非常に注目している」、「日本がこれまで歴史問題で表明した態度と約束を厳守するよう切に願う」などと述べ、安倍談話が「侵略の歴史を否定または薄めて負の遺産を背負い続けるのか、侵略の罪を心から深く反省することで前に進むのか、中国も国際社会も注視している」と述べた。同日、韓国外交省も、「歴代内閣の歴史認識を本当に継承するなら、過去の傷を癒すことで周辺国との関係を改善し、国際社会の信頼を得られる誠意ある内容を盛り込むべきだ」とコメントした（『朝日新聞』同年一月二七日付）。また、アメリカも、先ほど紹介したように、米国務省のサキ報道官が、村山談話や河野談話で示された「謝罪が近隣諸国との関係を改善するための重要な区切り」だという認識を示している。

また、二〇一五年三月九日、朝日新聞社の招請で来日したドイツのメルケル首相は、講演で次のように述べた（『朝日新聞』同年三月一〇日付）。


数週間前に亡くなったワイツゼッカー元独大統領の言葉を借りれば、ヨーロッパでの戦いが終わった日である一九四五年五月八日は、解放の日なのです。それは、ナチスの蛮行からの解放であり、ドイツが引き起こした第二次世界大戦の恐怖からの解放であり、そしてホロコースト（ユダヤ人大虐殺）という文明破壊からの解放でした。私たちドイツ人は、こうした苦しみをヨーロッパへ、世界へと広げたのが私たちの国であったにもかかわらず、私たちに対して和解の手が差しのべられたことを決して忘れません。

そして、「欧州の経験を踏まえて、東アジアの国家と国民が、隣国同士の関係改善と和解を進める上で、もっとも大事なことは何か」という質問に応えて、次のように語っている。

ドイツは幸運に恵まれました。悲惨な第二次世界大戦の経験ののち、世界がドイツによって経験しなければならなかったナチスの時代、ホロコーストの時代があったにもかかわらず、私たちを国際社会に受け入れてくれたという幸運です。どうして可能だったのか？　一つには、ドイツが過去ときちんと向き合ったからでしょう。当時ドイツを管理していた連合国が、こうした努力に非常に大きな意味をくみ取ってくれたからでしょう。法手続きでいうなら、ニュルンベルク裁判に代表されるような形で。

安倍首相との会談後の共同会見でも、メルケル首相は、「戦後ドイツでは、ナチスが行った恐ろしい所業について、我々が担わなければならない罪について、どう対応するか非常に突っ込んだ議論が行われた。過去の総括が和解の前提になるというドイツの経験をお話しさせていただいた」と述べ、安倍首相の歴史認識の危うさについて「礼儀正しく批判した」という(同前)。

安倍首相の歴史認識が通用する場所

二〇一三年一二月二六日、安倍首相は突如、靖国神社に参拝した。

二〇〇六年九月から一年足らずで辞職に至った第一次安倍内閣では、在任期間が短かったことなどもあり、安倍首相は靖国神社に参拝しなかった。それについて安倍は「痛恨の極み」だとまで述べており、第二次政権の誕生後、参拝するのではないかという予測はあった。しかし、実際に参拝がなされてみると、現職の首相としての参拝は、二〇〇六年八月の小泉首相以来、七年ぶりとなることもあって、内外の反応は大変に強いものだった。

中国は秦剛外務省報道官が談話を出し、「侵略の歴史を反省するとした誓約を守り、誤りを正す措置を講じ、悪い影響を取り除き、具体的な行動をもってアジアの隣国や国際社会の信頼を得るよう、厳粛に求める」と述べ、韓国では劉震龍文化体育観光相が「遺憾の意と怒りを抑えられない」と厳しい表現で抗議した。さらにアメリカ政府が、「日本の指導者が近隣諸国との緊張を悪化させるような行動をとったことに失望している」と異例の強い表現で非難した。

安倍首相は二〇一四年四月二九日、高野山真言宗の奥の院にある「昭和殉難者法務死追悼碑」の前で行なわれたA級戦犯らの法要に、自民党総裁名で、「今日の平和と繁栄のため、自らの魂を賭して祖国の礎となられた昭和殉職者の御霊に謹んで哀悼の誠を捧げる」とメッセージを送っていた。同碑は連合国による戦犯処罰を、「歴史上世界に例を見ない過酷で報復的裁判」としている(『朝日新聞』二〇一四年八月二七日付)。

この二つの出来事をつなぎあわせるのは、靖国神社が発行しているパンフレットの、次の記述である。

日本の独立と日本を取り巻くアジアの平和を守ってゆくためには悲しいことですが、外国との戦いも何度か起こったのです。明治時代には「日清戦争」「日露戦争」、大正時代には「第一次世界大戦」、昭和になっては「満州事変」、「支那事変」、そして「大東亜戦争（第二次世界大戦）」が起こりました。

戦争は本当に悲しい出来事ですが、日本の独立をしっかりと守り、平和な国として、まわりのアジアの国々と共に栄えていくためには、戦わなければならなかったのです。（中略）さらに戦後、日本と戦った連合軍（アメリカ、イギリス、オランダ、中国など）の、形ばかりの裁判によって一方的に、〝戦争犯罪人〟という、ぬれぎぬを着せられ、むざんにも生命をたたれた一〇六八人の方々、靖国神社でこれらの方々を「昭和殉難者」とお呼びしていますが、すべて神様としてお祀りされています。

靖国神社の特異な歴史観についてもう一つ例を挙げよう。靖国神社に併設されている歴史博物館である遊就館の展示室一五、「大東亜戦争」の壁に、「第二次世界大戦後の各国独立」と題したアジア、アフリカの大きな地図が掲げられ、以下のような説明がなされている。

日露戦争の勝利は、世界、特にアジアの人々に独立の夢を与え、多くの先覚者が独立、近代化の模範として日本を訪れた。しかし、第一次世界大戦が終わっても、アジア民族に独立の道は開けなかった。アジアの独立が現実になったのは大東亜戦争緒戦の日本軍による植民地権力打倒の後であった。日本軍の占領下で、一度燃え上がった炎は、日本が敗れても消えることはなく、独立戦争などを経て民族国家が次々と誕生した。

「大東亜戦争」は侵略戦争でなく、植民地解放のための戦い、聖戦だったという認識が、靖国神社の示す歴史観である。遊就館の地図は、戦後独立したアジアの各国について、独立した年代別に色分けし、その国の指導者、たとえばインドのガンジーなどの写真が展示されている。ところが日本の植民地であった台湾、韓国、北朝鮮については色が塗られておらず、指導者の写真も展示されていない。ただ、朝鮮半島については南北朝鮮につき小さな字で、一九四八年成立と書かれているだけである。「大東亜戦争」が白人の植民地支配からのアジア解放の戦いであったとするならば、台湾と朝鮮を日本が植民地支配していた歴史的事実について説明することを避けられないはずであるが、遊就館はそれを避けた。ポツダム宣言で履行されるべきとされているカイロ宣言(一九四三年一一月二七日)では、「三大国(米・英・中)は朝鮮人民の奴隷状態に留意し、やがて朝鮮を自由独立のものにする決意を有する」と述べている。遊就館の展示には一九一九年五月の中国の学生たちによる反帝国主義の「五・四運動」についての記載はあっても、同年三月のソウルにおける「三・一独立運動」に関する記載は一切ない。

さらに、同地図ではビルマとフィリピンの独立がともに一九四三年と記載されている。ビルマの独立は一九四八年一月であり、フィリピンの独立も一九四六年七月のことである。その歴史的事実を無視して、靖国神社は、両国は日本軍により一九四三年に独立したとしている。

「昭和殉難者の御霊に謹んで哀悼の誠を捧げる」ことと、靖国参拝に通底するのは、東京裁判の否定である。そしてそれは、戦後世界の平和秩序を否定する行為でもある。だから安倍政権の「盟友」であるはずの米国も参拝直後に「失望した」という強い表現で非難したのである。

安倍首相の歴史認識は、首相に就任してから多少の政治的配慮による揺れはあるものの、ある意味で一貫していると言えるだろう。安倍首相にとって、近現代における日本の戦争は「ひたぶるに、ただひたぶるに平和を希求する一本の道」を「一度としてぶれることなく」歩んできた結果であるという認識なのである。

だから、二〇一四年七月一日の閣議決定による集団的自衛権行使容認の具体的な法制化である「戦争法案」についても、彼の表現としては「平和安全保障法制」となる。安倍首相の考えの根底には、「たしかに自分のいのちは大切なものである。しかし、ときにはそれをなげうっても守るべき価値が存在するのだ、ということを考えたことがあるだろうか」(安倍晋三『新しい国へ』文春新書、一一二頁)といった観念がある。

靖国神社が、アジア・太平洋戦争をアジア解放のための戦いであったかのような聖戦史観を唱える理由は、靖国神社の創建目的が、戦死者の追悼でなく顕彰にあることに由来する。

靖国神社は、天皇の兵士の戦死者を「護国の英霊」として顕彰することにより、新たな天皇の兵士を生み出す装置である。この装置を維持するために、靖国神社による戦死者の「魂独占」という虚構がつくられた。逆から見れば、戦死者の魂独占という虚構を維持するための聖戦史観である。聖戦史観と戦死者の魂独占の虚構こそが靖国神社の生命線である。この点については、拙著『靖国参拝の何が問題か』(平凡社新書)において詳論したところである。

いずれにしても、「生命をなげうってでも」とは、戦争を放棄した日本国憲法のもとの為政者が言うべき言葉ではないだろう。繰り返しになるが、今から七〇年前、私たちは為政者にこのような言葉を二度と吐かせない社会をつくるために、「政府の行為によつて再び戦争の惨禍が起ることのないやうにすることを決意し」たのではなかったか。

悲惨さと向き合わない安倍首相の歴史認識

安倍首相は、二〇一三年一二月二六日の靖国神社参拝に際して、次のような談話を発した。

本日、靖国神社に参拝し、国のために戦い、尊い命を犠牲にされた御英霊に対して、哀悼の誠を捧げるとともに、尊崇の念を表し、御霊安らかなれとご冥福をお祈りしました。また、戦争で亡くなられ、靖国神社に合祀されない国内、及び諸外国の人々を慰霊する鎮霊社にも、参拝いたしました。

御英霊に対して手を合わせながら、現在、日本が平和であることのありがたさを噛みしめました。

今の日本の平和と繁栄は、今を生きる人だけで成り立っているわけではありません。愛する妻や子どもたちの幸せを祈り、育ててくれた父や母を思いながら、戦場に倒れたたくさんの方々。その尊い犠牲の上に、私たちの平和と繁栄があります。（後略）

この年の八月一五日、安倍首相は、政府主催の戦没者追悼式の式辞で、細川内閣以来踏襲され、自らの第一次政権でも述べていたアジア諸国に対する加害責任について抹消し、不戦の誓いも盛り込まなかった。そして、「いとしい我が子や妻を思い、残していく父、母に幸多かれ、ふるさとの山河よ緑なせと念じつつ、貴い命を捧げられた、あなた方の犠牲の上に、いま、私たちが享受する平和と、繁栄があります。そのことを、片時たりとも忘れません」と述べた。

まさに日本の侵略によって「ふるさとの山河」を破壊され、家を焼かれ、「いとしい我が子や妻」の命を奪われたアジアの人々のことは、まったく触れられていない。

また、安倍首相の歴史認識には、「聖戦」という神話とともに、日本兵の存在についての、ある種の幻想的なイメージがこびりついている。誰もが愛国心に燃えて祖国を守るために命をなげうった、というイメージである。だが、本当にそうなのか。あまりに無謀な大本営の戦略と戦術指導のもとで、武器・弾薬・兵員はもちろんのこと、糧食も補給されないまま見捨てられ、遠方の地で餓死した「戦死者」「戦病死者」たちに対しても、「貴い命を捧げられた、あなた方の犠牲の上に、いま、私たちが享受する平和と、繁栄があ」るなどと、どうして言えるのかと問いたい。

ニューギニア戦線では、累計一四万の大軍がマラリアと栄養失調で陣没し、終戦時集結し得た者は一万三〇〇〇人に過ぎず、その後も斃《たお》れる者が続き、戦犯者も出て、内地に復員した者はわずか一万余人に過ぎなかった（松浦義教『ラバウル戦犯弁護人』光人社NF文庫）。空腹の余り食料を探しに出かけたことが「敵前逃亡」とされ、正式な軍法会議も開かれることなく処刑された兵士も少なからずいた。フィリピン、ルソン島での作戦に従軍した法務官の遺した日記の片隅には病気、マラリアなどと並んで、掠奪殺人、上官殺人、強盗殺人、死体損壊等との走り書きもあったという（NHK取材班『戦場の軍法会議　日本兵はなぜ処刑されたのか』NHK出版）。

安倍首相の側近であり、その名代として榊・供物などを靖国神社に届けている自由民主党筆頭副幹事長・総裁特別補佐の萩生田光一があげる愛読書、『修羅の翼』には以下のような興味深い記述がある（同書四三五〜四三六頁）。


ちょうどそこへ、初めて見る大尉が難しい顔をして前に立った。

「飛行長、いくら何でも桟橋にぶつかるのは残念です。空船でも良いですから、せめて輸送船に目標を変更してください」と頼んでいる。

傍で聞いていると、この人の隊は、今日薄暮、タクロバンの桟橋に体当たりを命ぜられたらしかった。

間髪を入れず、中島飛行長の怒声が飛んだ。

「文句を言うんじゃない、特攻の目的は戦果にあるんじゃない、死ぬことにあるんだ」

にらみつけられた大尉は、しおしおと帰って行った。気の毒だなあ、部下に対して何と説明するのだろうか。……特攻でなくて、普通爆撃でできないものか、と思う。

桟橋に体当たりを命ぜられ、特攻の目的は戦果にあるのでなく死ぬことにあるのだとまで言われた特攻隊員たちの無念さは、いかばかりであっただろうか。

安倍首相を支える人々の歴史認識

先述の萩生田のほか、高市早苗総務大臣、稲田朋美自民党総務会長ら、安倍側近と言われる人々の歴史認識は、安倍首相の歴史認識と軌を一にしている。

数年前のことだが、八月一五日に靖国神社境内で行なわれていた「戦没者追悼中央国民集会」と称する集会で、稲田らが「大君の辺にこそ死なめ、かへりみはせじ……」と、かつての軍歌「海ゆかば」を大合唱しているのを見て驚いたことがある。

萩生田は、『文藝春秋』別冊『二〇一五年 日本の論点一〇〇』で「総理・閣僚の靖国神社参拝は当然の行為」として以下のように述べる(同書八六頁)。

そもそも「A級戦犯」という言葉は、今日においては意味を持たない。サンフランシスコ講和条約に調印して、日本は独立国になったが、日本の国会は同年六月から五五年にかけて、戦犯の釈放と赦免に関する決議を衆参合計五回、圧倒的多数で可決している。わが国の国権の最高機関である国会決議は重い。……もう一つの根拠は、A級戦犯を裁いた旧連合国側の承認を得ていることだ。それに伴い、公文書でも「戦犯刑死」から「法務死」と書き換えられた。旧連合国も、日本の国会も、赦免を認めた以上、今なお「A級戦犯」と呼ぶことは、本来は正確ではないのである。

サンフランシスコ講和条約第一一条は「日本国は、極東国際軍事裁判所並びに日本国内及び国外の他の連合国戦争犯罪法廷の裁判を受諾し、且つ、日本国で拘禁されている日本国民にこれらの法廷が課した刑を執行するものとする」となっており、萩生田が何をもって「旧連合国側の承認を得ている」とするのか理解に苦しむ。

萩生田もそうであるが、東京裁判を否定する政治家たちは、サンフランシスコ講和条約第一一条を無視する。ところが彼らはサ条約のすべてを否定するかというとそうでもない。連合国等が日本国等に対する戦争賠償を放棄した第一四条はしっかり引用する。この点は日中共同声明についても同様である。同声明第五項「中華人民共和国政府は、中日両国国民の友好のために、日本国に対する戦争賠償の請求を放棄することを宣言する」とするが、しかし、それは前文中の「日本側は、過去において日本国が戦争を通じて中国国民に重大な損害を与えたことについての責任を痛感し、深く反省する」とあるのを受けてのものであることを忘れてはならない。故・後藤田正晴元内閣官房長官も、生前、「日本国政府は、戦犯裁判を受け入れている。つまりこれは条約で認められたもの、国際社会で、信頼を得るためにきちんと守る必要がある」と語っていた。当たり前の話である。もし、ドイツで、ニュルンベルグ裁判は勝者の裁きであり、守る必要がないなどと言ったら、仏独の和解があり得ただろうか。

ところで萩生田は、今日ではもはや「A級戦犯」は存在しえないと述べながら、他方、この一文の末尾近くで以下のような奇妙なことを述べる。

私はもはや靖国にはA級戦犯の魂はないのではないかと思うことがある。日本人の美学からすれば、「私の魂がここにあることで子孫末裔に迷惑がかかるなら、外に出ていましょう」と戦犯たちの霊は靖国を去った気さえするのである。

この記述は、形を変えた「A級戦犯分祀論」と言えよう。こうした議論の背景には、彼ら靖国派が天皇参拝の断絶に相当な苛立ちを抱いていることがあろう。〝臣下には絶対に頭を下げることのない天皇が、天皇の為の戦死者には、その魂に対して、よくやったと頭を下げて下さる〟、これこそが、靖国神社の生命線だからである。

また、安倍首相の側近の一人である衛藤晟一首相補佐官は、二〇一三年末の安倍首相の靖国参拝に対してアメリカが「失望」と述べたことに対して、アメリカ側には自分が訪米して事前に説明していたと言いつつ、「むしろ我々の方が失望だ。米国はちゃんと中国にものが言えないようになっている。(「失望」というコメントは)中国に対する言い訳として言ったにすぎない」と述べる動画をネット上で配信していた(後に撤回している)

二〇一四年八月一五日は、安倍首相は参拝しなかったものの、内閣改造で入閣した三人の女性閣僚が揃って参拝した。高市早苗総務大臣、山谷えり子国家公安委員長、有村治子少子化担当大臣の三人である。高市総務大臣は「一人の日本人として、国策に殉じられた皆様の御霊に対して、尊崇の念を持って、感謝の誠を捧げて参りました」と参拝後に述べている。

これでは、いかに安倍内閣が村山談話などの歴代政権の談話を「全体として引き継ぐ」と述べてみたところで、本心は別のところにあると思われるのは避けられないであろう。

安倍政権によって首脳会談をはじめさまざまなレベルでの交流が失われ、とりわけ中国・韓国との間での国民同士の不信感が増幅されてしまっている。安倍首相が戦争法案の提案にあたって繰り返している「日本を取り巻く安全保障環境の変化」は、安倍首相自身が招いている面が小さくないのである。

なぜ自国の過去に向き合えないのか

二〇一五年一月一九日、イスラエルを訪問した安倍首相は、「テロとの戦い」への決意を表明し、ナチスドイツによるユダヤ人虐殺を記憶するためのホロコースト記念館を訪れた。しかし、安倍首相は、中国を訪れても、南京はもとより、北京郊外にある抗日戦争記念館も訪れない。かつて村山首相や小泉首相も訪問したこの記念館は、日本の中国全面侵略の発端となった盧溝橋事件が起きた場所に建てられている。

安倍首相は「地球儀俯瞰外交」と称して全世界を訪れているが、日本が戦争の被害を与えた場所は素通りしている。シンガポールを訪れても「日本占領時期死難人民記念碑」を訪れることはない。日本の占領下で中国系住民などが二万人から五万人殺害されたとされる記念碑の四本の柱の内側には、中国語、英語、マレー語、タミル語の四つの言語で「一九四二年二月一五日より一九四五年八月一八日まで、日本軍がシンガポールを占領した。わが住民で、無実のうちに殺害された者の数はとうてい数えきれない。事件から二十余年を過ぎた今、ようやく遺骨を収集し、ここに丁重に葬り、この碑を建立してその悲痛を永久に記録する」と刻まれている。

安倍首相のメッセージからは、こうした戦争の悲惨さがまったく伝わってこない。安倍首相は自国の加害の事実に向き合おうとしない。ホロコースト記念館を「見学」した安倍首相は、記者団の前で、「特定の民族を差別し、憎悪の対象とすることが、人間をどれほど残酷にするのかを学ぶことができた」と述べたという(『朝日新聞』二〇一五年一月二〇日付)。自国の過去について安倍首相はどう考えるのか。それこそが問われているはずなのだが、肝心の部分は常に、おそらく意図的にはぐらかすのが、安倍首相の戦術的対応なのであろう。

二〇〇一年、ドイツ国防軍改革委員会(委員長はヴァイツゼッカー元大統領)による報告書は、「ドイツは歴史上初めて隣国すべてが友人となった」と書き出された。

「隣国すべてが友人」――これこそ究極の安全保障の姿ではないだろうか。ナチスドイツの侵略戦争とホロコーストという過去を直視し、それを克服することによって、むしろ強固な平和と安全保障に到達するという道筋が、現実としてありうることを、ドイツの戦後は示している。

一九八九年一月七日、裕仁天皇(昭和天皇)が亡くなった。二月に予定された「大喪の礼」に当時の西ドイツからヴァイツゼッカー大統領が参列すると報道された。それに対して私は、作家の小田実ら二八名とともに、日本社会は必ずしも天皇追悼一色ではなく、その戦争責任について真摯に考えている人々もいることを伝えた。すると驚いたことに、一週間余り後に、ヴァイツゼッカー大統領の署名入りの返書が、訳文付きで駐日本独大使館から手渡しで届けられた。西ドイツ政府とヴァイツゼッカー大統領の誠実な対応に改めて感銘を受けた。大統領は返書中で、以下のように語っていた。

いかなる民族も各々の歴史に、その高揚の時と低迷の時代を含めて、自覚を持たねばなりません。とはいえ、自らと己の歴史にけじめを付けることは、全くそれぞれの民族に委ねられた事柄であります。我々ドイツ人もまさに、この重要かつ困難な課題に対峙せねばならないのです。それは人間の心を動かすものです。一九八五年五月八日の私の演説は、人々の意識を鮮明にするため貢献しようとしたものでした。それは同胞であるドイツ人に向けられたものであり、その大多数の感情と思考をも表現したものでなかったかと存じております。またこの演説は、何よりもドイツ人である私、つまり自国と国民を大切に思うその一ドイツ人の個人的経験に基づいておりました。私の立場に於いてなし得たこと、なし得ることはそれ以上でも、以下でもありません。

貴翰《きかん》を拝読し、皆様もこのことを理解されておられるのではと存じます。この意味におきまして、皆様と日本民族に対する深い敬意と友情の念を抱きつつ、感謝をこめて貴翰を熟読致した次第です。

私は、日本の近現代史を丸ごと肯定したり、あるいは逆に丸ごと否定したりする見解に与《くみ》しない。まさに、ヴァイツゼッカー大統領が言うように、いずれの国も「高揚の時と低迷の時代」があるのであり、それを、歴史的事実に基づいて見据えていくことが求められる。

問題は、「美しい国」を追い求める安倍首相に、このような思考が存在しないことである。

安倍首相は、ホロコースト記念館見学後のスピーチで、なぜ、「ひるがえって、わが国も……」と思いを馳せることをしなかったのだろうか。日本政府の歴代の公式見解を理解していれば、当然、そう考えるはずである。二〇〇四年三月一日、韓国の当時の盧武鉉大統領は、三・一独立運動の記念式典で、「日本はすでに謝罪をした。従ってこれ以上、日本に謝罪を求めない。ただし、謝罪にみあう行動をすることを日本に求める」と演説した。この発言は謝罪と妄言を繰り返す戦後の日本社会を鋭く衝いているのではないだろうか。

歴史認識にかかわる、閣僚などによる数多くの問題発言が、政府の公式見解の存在にもかかわらず、日本の認識を疑わせ、和解を阻害してきた。しかし、これらの発言は、おおむね撤回や、発言者の更迭・罷免などの措置がなされてきた。しかし、安倍首相による戦後七〇年談話は、そのレベルを異にする。閣議決定を経ていようがいまいが、政府を代表する者の見解である。

歴史をなかったことにすることはできない。歴史と外交のリアリズムにもとづき、そして良識にもとづいて、過去と誠実に向き合う以外に、日本が進むべき道はないだろう。

第3章　和解はどうすれば可能か

七〇年首相談話は何のためになされるのか

安倍首相は「未来志向」と口にする。それ自体が悪いわけではない。だが、過去を省みず、ただ未来を志向するといっても、相手は受け入れないだろう。日本単独で生きているのではないのである。

二〇一五年九月三日、中国政府は、各国の首脳を招いて、反ファシズム戦争勝利七〇周年記念式典を行い、そこでは大々的な軍事パレードも行なう。式典の目的が対日戦争勝利という中華人民共和国の「建国の歴史」と「強国」中国の誇示にあることは明らかである。中国政府は、式典に各国首脳を招待するとしている。もちろん日本政府にも招待状を出すという。

思い起こされることがある。二〇〇五年五月、欧州では、欧州における戦争終了六〇周年を記念して、さまざまな行事が行なわれた。そこには戦勝国首脳らと並んで、戦敗国ドイツのシュレーダー首相の姿があった。五月九日にはモスクワ「赤の広場」でも対独戦勝利六〇周年式典が行なわれ、ブッシュ米大統領、シラク仏大統領、ブレア英首相ら五〇を超える国や国際機関の指導者が出席する中、ドイツのシュレーダー首相も「無名戦士の墓」に献花をした。前年の二〇〇四年六月、フランスのノルマンディで挙行された連合国軍によるノルマンディ上陸作戦六〇周年記念式典にもドイツのシュレーダー首相の姿があった。シラク仏大統領に「式典にドイツの指導者を招待するのが望ましい」と進言したのは、戦時中のフランスの抵抗運動統一組織「レジスタンス全国評議会」の副事務局長を務めたロベール・シャンベロン（当時九〇歳）であった。

彼は日本の新聞社のインタビューに応じて次のように述べている（『毎日新聞』二〇〇五年五月九日付夕刊）。

フランス人にとり、対独戦の終わりはファシズム・イデオロギーの解体を意味した。欧州市民がファシズムから解き放たれた。ナチズムからのドイツ国民解放でもあった。……我々はドイツ国民と戦争をしていたのではない。ヒトラー主義、ファシズムと戦っていたのだ。レジスタンス闘士の中には「ドイツ国民万歳」と叫びながらナチスに銃殺された者が大勢いた。ドイツ国民に恨みはなかった。

残念ながら、われわれは、中国・韓国などの周辺諸国との間で、このような関係をつくり出しえていない。周辺諸国と和解をなしえていない原因の多くは私たちの側にあることは認めなければならない。それと同時に、現在、中国政府が予定している九・三式典にはナショナリズムの色彩が濃い。

一九七二年の日中国交正常化の際、中国の周恩来総理は、日本に対する戦争賠償を放棄したことについて、〈我々は日本の軍国主義者と戦っていたのであって、日本の民衆と戦っていたわけではない、日本の人民も戦争の被害者である〉として、国内を説得した。これは、先述のシャンベロンとまったく同じ趣旨の発言である。

習近平主席も、二〇一四年一二月一三日、南京大虐殺紀念館での演説で、「人類史上の暗黒の一頁で虐殺の事実の改竄は許されない。一三億人の中国人民は事実の否定を受け入れない」と南京大虐殺がなかったと主張する日本側の歴史改竄者を厳しく批判する一方で、しかし「少数の軍国主義者が侵略戦争を起こしたことを理由に、その民族を敵視すべきではなく、罪は国民にはない」と述べることも忘れなかった(『産経新聞』二〇一四年一二月一四日付)。

こうした言葉に、私たち日本の側がどう応じるかが問われている。

民衆による戦後七〇年談話の実践

二〇一五年一月七日、NHKラジオに出演した歴史家の加藤陽子東大教授は、歴史家の半藤一利、評論家の宮崎哲弥らとの鼎談で、明治憲法の時の私擬憲法の事例を挙げながら、「安倍政権の戦後七〇年談話のほかに、民間でも談話をつくって、日本国民の理性を示したらどうか」と述べ、「民間にはこのような叡智がある。たとえば中国人強制連行、強制労働をめぐる損害賠償の裁判で、最高裁で負けても、中国人と会社の間に立って和解をまとめた西松建設和解のようなケースもある」と語った。

ここで触れられた西松建設和解に原告側代理人として携わった私の経験について語りたい。

二〇一三年一〇月一九日、広島県西北部の山間の地、安芸太田町安野で、二胡の音色が静かに流れる中、中国からの受難者（被害者）・遺族二三名を迎え、第六回中国人西松建設強制連行・強制労働受難者追悼式が行なわれた。

かつて、アジア・太平洋戦争が長期化する中で、日本国内では青年男子が次々と出征させられ深刻な労働力不足を招来した。一九四二年一一月、東條英機内閣は中国大陸から中国人を日本国内に強制連行し、鉱山やダム建設などで強制労働に就かせることを企て、「華人労務者移入に関する件」を閣議決定した。一九四四年の次官会議を経て同年八月から翌一九四五年五月までの間に三次にわたって三万八九三五人の中国人を日本に強制連行し、国内の一三五事業場で強制労働させた。

強制連行され、苛酷な労働を強いられた中国人のうち、一九四五年八月一五日の日本の敗戦に至るまでの約一年の間に、六八三〇人が亡くなった。広島・安野の地でも、三六〇名の中国人が西松組の下、安野発電所建設（導水トンネル）工事に従事させられ、過酷な労働によって、原爆による被爆死五名を含む、二九名（うち三名は連行中の船内で死亡）の方々が異国の地で亡くなった。

中国人受難者・遺族らは、地元の広島を中心とする日本側支援者らの協力を得ながら、一六年間に及ぶ交渉と裁判を経て、二〇〇九年一〇月二三日、西松建設との間で和解を成立させた。

翌二〇一〇年一〇月二三日、広島市内を流れる太田川上流、かつての加害の地である中国電力安野発電所の一角に、中国人受難者・遺族と加害者西松建設株式会社の連名で、「安野　中国人受難之碑」が建立された。

碑の裏面には、日本語と中国語で、次のように刻まれている。

第二次世界大戦末期、日本は労働力不足を補うため、一九四二年の閣議決定により約四万人の中国人を日本の各地に強制連行し苦役を強いた。広島県北部では、西松組（現・西松建設）が行った安野発電所建設工事で三六〇人の中国人が苛酷な労役に従事させられ、原爆による被爆死も含め、二九人が異郷で生命を失った。

一九九三年以降、中国人受難者は被害の回復と人間の尊厳の復権を求め、日本の市民運動の協力を得て、西松建設に対して、事実認定と謝罪、後世の教育に資する記念碑の建立、しかるべき補償の三項目を要求した。以後、長期にわたる交渉と裁判を経て、二〇〇九年一〇月二三日に、三六〇人について和解が成立し、双方は新しい地歩を踏み出した。西松建設は、最高裁判決（二〇〇七年）の付言をふまえて、中国人受難者の要求と向き合い、企業としての歴史的責任を認識し、新生西松として生まれ変わる姿勢を明確にしたのである。

太田川上流に位置し、土居から香草・津浪・坪野に至る長い導水トンネルをもつ安野発電所は、今も静かに電気を送りつづけている。こうした歴史を心に刻み、日中両国の子々孫々の友好を願ってこの碑を建立する。

二〇一〇年一〇月二三日

安野・中国人受難者及び遺族
西松建設株式会社

碑の両脇には、受難者三六〇名の名を刻んだ小碑が配されている。この碑は、加害と受難の歴史を記憶するためのものだ。碑の建立には地元安芸太田町、中国電力など各方面の協力があった。来日した受難者・遺族らは、毎回、追悼式終了後、強制労働の現場をめぐり、改めて過酷な労働を強いられた当時に思いを馳せる。

受難者・遺族らは、翌日には原爆資料館を見学し、原爆被害の凄まじさに想像力を働かせ、慰霊碑に献花している。ボランティアガイドをしてくれるのは、広島大学の若い中国人留学生や広島在住の年配の女性たちである。

中国人受難者・遺族をお迎えしての追悼式ではさまざまな出来事があったが、とりわけ二〇一四年一〇月の第五回追悼式のことは忘れられない。

二〇一二年は、一九七二年の日中共同声による日中国交正常化から四〇周年、本来ならば、政治、経済、文化、あらゆる分野において、盛大に祝われる年になるはずであった。第五回追悼式にも、当初、三十数名の中国人受難者・遺族が参加する予定であったが、石原慎太郎東京都知事（当時）の東京都による尖閣諸島購入発言を契機として日中間に緊張が高まり、「日本に行くのが怖い」と、十数名の中国人受難者・遺族が来日を取りやめるという事態が生じた。強制連行・強制労働問題を研究し、訪日団の顧問格として毎回受難者・遺族に付き添い、来日していた大学教授も、今回は、大学当局から行かないほうがいいと言われ、訪日を断念した。

このような時こそ、日中の民間人同士の交流が大切である。関係者の尽力により、これまでと同じく、中国から受難者・遺族をお迎えして、追悼式を執り行なうことができた。もっとも遠方から来日したのは新疆《しんきょう》自治区ウルムチ市から参加された方で、北京に出るまでだけでも三〇時間かかったという。

追悼式で安芸太田町長は、「…本日は当地を初めて訪れられる遺族の方もおられると思いますが、この碑が歴史を未来永劫後世に伝え、二度とこのような過ちを繰り返すことのないよう日中両国の友好がさらに発展し、平和の輪がより広くなることを強く願ってやまないところでありま す。……日中国交正常化四〇周年の今年、領土問題から日中関係が深刻化する事態となっており、両国経済への影響を強く懸念するところでありますが、両国政府間の対話により、速やかな平和的解決を強く望むところであります」と挨拶を述べた。

原爆資料館で平和ガイドをしてくれた広島の年配の女性は、受難者・遺族らに「皆さん、日中がこのような時期に、ようこそおいでくださいました。一生懸命ガイドさせていただきます」と語りかけた。

離日前夜の交流会、中国人受難者・遺族らは、口々に、来日してよかったと述べ、日本側との友情を深めたいと語った。原爆資料館を見学したある遺族は、その夜の交流会で「惨い、惨い、惨い、これが私の感想です」と述べた。今から七〇年前の八月六日、広島に、八月九日、長崎に原爆が落とされた時、アジアの人々は喝采した。原爆投下は「アジア解放の花火」であったからだ。だが、喝采した人々の子や孫が、原爆資料館を見学し、「惨い、惨い、惨い」という感想を述べたのである。交流会の席上で、「受難之碑」を建立した地元石材店の社長は、「生涯の記憶に残る大きな仕事をさせていただきました。毎回追悼式に参加させていただき、皆さんのお話を聴かせて頂く中で、石の大きさ、重さもさることながら、日中友好という、もっと大きな仕事に参加させて頂いていることを自覚するようになり、感激の種類も変わってきました。本当に感謝しています」と挨拶した。

建設当時の発電所が現在も稼働していることを知った遺族の一人が、「父たちがつくったこの発電所を、末永く使ってほしい」と案内の中国電力の担当者に話しかけ、担当者は即座に「はい、大事に使わせていただきます」と答えるということもあった。

和解事業として行なわれる追悼式、原爆資料館見学などの活動は、草の根の日中友好運動の一端を担うものである。「このような活動を続けることによって、やがて「受難の碑」は「友好の碑」となるであろう」と、ある遺族が語ってくれたことが忘れられない。

私は、これらの事業を通じて、和解は容易なことではないにしても、不可能なことでもない、と確信している。それは、事実と責任を認め、謝罪し、和解を求めることで、必ず可能になるのである。

歴史問題の解決のためには、被害者の寛容と加害者の慎み、節度が必要である。加害者は忘れても、被害者は忘れない――私たちはこのことを肝に銘じて、加害の事実と誠実に向き合いつづけなければならない。

（本文中、敬称略）

内田雅敏

弁護士．1945年，愛知県生まれ．1975年，東京弁護士会登録．現在，日本弁護士連合会憲法委員会幹事など．著書に『靖国神社の何が問題か』(平凡社新書)，『これが犯罪？「ビラ配りで逮捕」を考える』(岩波ブックレット)，『「戦後補償」を考える』(講談社現代新書)，『憲法第九条の復権』(樹花舎)など多数．

和解は可能か
──日本政府の歴史認識を問う

岩波ブックレット 930

2015年8月4日　第1刷発行

著　者　内田雅敏《うちだまさとし》

発行者　岡本　厚

発行所　株式会社 岩波書店
〒101-8002 東京都千代田区一ツ橋 2-5-5
電話案内 03-5210-4000　販売部 03-5210-4111
ブックレット編集部 03-5210-4069
http://www.iwanami.co.jp/hensyu/booklet/

印刷・製本　法令印刷　　装丁　副田高行　　表紙イラスト　藤原ヒロコ

ISBN 978-4-00-270930-7　　Printed in Japan